ERNEST CÉZANNE

NOTICE BIOGRAPHIQUE

PAR

M. FARGUE

INGÉNIEUR EN CHEF DES PONTS ET CHAUSSÉES

ERNEST CÉZANNE

NOTICE BIOGRAPHIQUE

PAR

M. FARGUE

INGÉNIEUR EN CHEF DES PONTS ET CHAUSSÉES

TOURS

ALFRED MAME ET FILS, IMPRIMEURS

M DCCC LXXVIII

SOMMAIRE

I. — Premières années. 3
II. — Chemins de fer. 9
III. — Guerre de 1870-71. 21
IV. — Carrière politique. 27
V. — Derniers moments. 34

I

PREMIÈRES ANNÉES

Cézanne (Ernest-Louis-Joseph) est né à Embrun (Hautes-Alpes), le 25 mars 1830. Il avait à peine cinq ans quand il perdit son père, avocat de grand talent que ses concitoyens avaient chargé de les représenter au conseil général du département, et dont ils se disposaient à faire un député.

Dans le cercle des affections de famille qui se resserra autour du jeune orphelin, deux figures se détachent entre toutes : d'abord, celle de sa grand'mère, alsacienne d'origine, esprit d'une énergie extraordinaire, qui alliait les connaissances les plus variées aux charmes d'une bonté rare; puis celle de son oncle, M. Béguin, ingénieur distingué des ponts et chaussées, connu par les travaux qu'il a fait exécuter aux ports d'Alger et de Boulogne, et dont la lumineuse intelligence et les excellents conseils guidèrent de la manière la plus heureuse ses premiers pas dans la vie.

Ce fut au collége d'Embrun que Cézanne fit ses premières études et remporta ses premiers succès. Modeste collége, succès modestes, mais pleins de promesses pour l'avenir. La prédiction en fut faite, un jour de distribution des prix, par un jeune ingénieur qui débutait à Embrun, et qui fut chargé de déposer une couronne sur la tête frisée du petit écolier.

Sa mère, pleine de sollicitude pour une santé naturellement délicate, aurait voulu ne pas se séparer de son cher enfant; cédant à de sages avis, elle l'envoya (1839) au collége royal de Grenoble, où ses heureuses facultés se développèrent rapidement. Sa première ambition fut d'abord d'être admis dans une classe pour laquelle on le trouvait trop jeune et insuffisamment préparé; soumis à une épreuve d'où il sortit victorieux, il aspira bientôt à atteindre les premiers rangs, et il y parvint sans peine, grâce à ses brillantes aptitudes, tant littéraires que scientifiques, et grâce aussi à sa constante et énergique application. D'un caractère facile, d'une humeur enjouée, aussi vif au plaisir que sérieux au travail, passant sans effort de l'un à l'autre, toujours obligeant et gracieux, il était estimé de ses maîtres et chéri de ses camarades.

La vie de collége telle que l'ont connue les hommes de notre génération avait des rudesses qui sont épargnées aujourd'hui à nos enfants. Cézanne n'eut pas trop à en souffrir, mais il lui manquait le grand air et les exercices du corps. Aussi, quand arrivaient les vacances, quelle ardeur aux jeux gymnastiques! quel entrain à la marche ou à la chasse! quel plaisir, dans ses longues excursions à travers les montagnes, sous le beau ciel bleu des Alpes! Il en ressentait un bien-être physique qui redoublait l'activité de ses belles facultés. Le grand air, le mouvement et le soleil lui donnaient une sorte d'ivresse, et quand, après la rude montée, il arrivait en face de l'un de ces panoramas grandioses que la nature alpestre tient en réserve pour les robustes marcheurs, tout son être se transfigurait; sa physionomie rayonnait, et sa parole débordait en poétiques enthousiasmes.

Un jour du mois de septembre 1846, quatre collégiens remontaient d'un pas allègre la pittoresque vallée du Queyras, le bâton à la main et le sac des touristes sur le dos. Ces jeunes initiateurs des caravanes scolaires s'en allaient gaiement à la conquête d'horizons nouveaux. Au détour du chemin, un lamentable spectacle les arrêta : deux ouvriers venaient d'être tués par l'explosion d'une mine, sur un chantier installé pour la reconstruction d'un pont que la crue subite d'un torrent avait emporté. La vue de ce chaos et de ces deux cadavres noircis de poudre inspira aux quatre jeunes gens de graves réflexions. Ils marchèrent silencieux.

« Je voudrais être riche, dit Cézanne, assez riche pour
« soulager toutes ces misères, relever toutes ces ruines, et
« rendre cette vallée aussi prospère qu'elle est belle! »

Ces impressions ne s'effacèrent jamais en lui; ce souhait généreux est devenu comme le programme de toute son existence. La seule richesse qu'il amassa durant sa vie fut la puissance que donnent le savoir et une haute position sociale; il ne l'ambitionna que pour la répandre autour de lui et la mettre au service de tout ce qu'il aimait, sa famille, « ses chères montagnes » et la France.

Élève de l'école préparatoire de Sainte-Barbe à dix-sept ans, de l'École polytechnique à dix-neuf ans, de l'École des ponts et chaussées à vingt et un ans, Cézanne apporta dans cette longue série d'études une ardeur toujours soutenue. Tout jeune encore, il s'était rendu compte de sa position. Sans fortune, il savait que son avenir ne relevait que de lui-même. C'était d'ailleurs moins la nécessité qui le poussait au travail qu'un incessant désir de faire bien. Quand il entreprenait une tâche, il était dominé par la volonté de l'accomplir le mieux possible, quelle qu'elle fût. Ce besoin de perfection se retrouve dans tous les actes de sa vie.

Ce travailleur sérieux était en même temps le plus gai des camarades; il aimait à rire et excellait à faire rire, sans que sa verve s'exerçât jamais aux dépens d'autrui. Sa jovialité était celle de la montagne, franche, naturelle, sans recherche et bienveillante. C'était celle de Henri IV, cet autre montagnard, avec lequel il avait d'ailleurs plus d'une ressemblance.

A vingt-quatre ans (10 juillet 1854), Cézanne[1] débutait dans la carrière d'ingénieur, à la résidence de Millau (Aveyron), sous les ordres de M. l'ingénieur en chef Cassanac. Les travaux ordinaires de ce modeste service ne suffisant pas à son activité, il tourna son attention vers les questions relatives aux nombreux cours d'eau compris dans son arrondissement. La ville de Millau était à la recherche d'une distribution d'eau régulière; une vaste étendue de terrain marécageux réclamait des travaux de desséchement; de nombreux dommages agricoles étaient causés par les débordements; les usines n'utilisaient qu'une minime partie de l'immense force motrice représentée par la pente et le débit des cours d'eau; enfin les systèmes pratiqués pour l'irrigation étaient très-imparfaits. Cézanne aborda ces diverses questions dans une série d'avant-projets qu'il n'eut pas le temps de faire exécuter, mais qui ont formé une sorte de programme dont ses successeurs ont réalisé quelques portions, et qui sera sans doute un jour accompli tout entier.

Il eut la conception d'un aménagement méthodique de toutes les richesses hydrauliques qu'il avait sous les yeux.

« Il ne faut pas, disait-il, abandonner la construction des

---

[1] Ingénieur ordinaire de 3ᵉ classe le 31 septembre 1854.

« défenses aux caprices divergents des riverains. On devrait
« avoir des plans de défense des rivages comme on a des
« plans d'alignements des traverses. La police des cours
« d'eau devrait se faire comme celle de la grande voirie.

. . . .

« Qu'on se figure chaque riverain élevant à grand'peine au
« niveau de sa prairie une eau qu'on lui dispute ou qui dé-
« chire sa berge; qu'on se le représente creusant à travers
« sa terre une rigole insuffisante, et qu'on mette en regard
« de cette actualité le tableau d'une vallée dont les pro-
« priétaires associés ont exécuté un plan d'ensemble préparé
« par l'administration. A l'origine de la vallée, là où le cours
« d'eau est resserré entre des berges solides, on a construit
« un barrage; deux canaux ouverts au pied du coteau, sur
« l'une et sur l'autre rive, épuisent tour à tour la rivière,
« arrêtant au passage les cours d'eau secondaires, et répa-
« rant ainsi une partie de leurs pertes.

« Avant de rentrer dans le lit de la rivière, ils jettent le
« surplus de leurs eaux sur la roue d'un moulin qui se con-
« tente de tourner pendant le jour, abandonnant pendant la
« nuit la rivière entière à l'irrigation. . . . .

. . . .

« Il arrivera un moment où chaque cours d'eau, régle-
« menté depuis sa source jusqu'à son confluent, ne laissera
« plus couler ses eaux sans profit. »

Ces lignes, qui figureraient avec honneur dans le travail
de la Commission supérieure récemment instituée[1] pour
étudier les questions de l'aménagement rationnel des eaux
sur toute l'étendue du territoire français, ont été écrites, il
y a près de vingt-cinq ans, par un ingénieur à ses débuts!
Il ne se faisait d'ailleurs aucune illusion sur les difficultés

[1] Décret du 13 octobre 1877.

financières de pareilles entreprises, ni sur la résistance d'inertie opposée par la routine, ni sur les luttes à soutenir contre les intérêts privés, toujours si ardents et si ingénieux à se défendre.

Ces idées l'occupèrent pendant les deux années de son séjour à Millau. Mais il se sentait à l'étroit, et aspirait à exercer ses facultés sur un plus vaste théâtre. L'occasion ne tarda pas à se présenter.

II

CHEMINS DE FER

En 1855, une puissante compagnie s'était formée pour compléter et exploiter le réseau de 1.000 kilomètres de chemins de fer que le gouvernement autrichien lui avait vendu. Elle n'avait alors qu'une seule ligne importante, celle qui, partant de la frontière de Saxe-Autriche, aboutissait à Szegedin (Hongrie). Il avait été résolu que cette ligne serait prolongée vers Temeswar, dans le Bannat, et jusqu'à Basias, sur le Danube. Le directeur général, M. Maniel, qui cherchait à grouper autour de lui des collaborateurs capables, reçut un jour une lettre d'un ingénieur de Millau, qui offrait ses services à la compagnie. Le jeune postulant connaissait l'allemand ; il exprimait sa demande en termes qui attirèrent l'attention de M. Maniel ; son admission fut résolue.

Abandonner le service de l'État, s'exiler avec des appointements fixés au chiffre incroyablement réduit de 6.000 fr. par an, se séparer de sa mère qu'il chérissait tendrement, et de son frère infirme dont il était le soutien, c'était une résolution grave, dont les avantages étaient lointains et éventuels, les inconvénients immédiats et douloureux. Mais c'était l'avenir qui s'ouvrait devant lui.

Muni de l'autorisation ministérielle, Cézanne quitta la France le 15 juin 1856, et quelques jours après il se trouvait en face de sa nouvelle tâche. Il s'agissait d'agrandir la gare déjà importante de Szegedin, et de construire une voie ferrée à travers l'obstacle sérieux que présentait la Theiss, affluent de la rive gauche du Danube, dont la pente est très-faible, et qui coule à travers une immense plaine formée tout entière d'un limon bourbeux et sablonneux, sur une profondeur indéfinie. A 100 kilomètres à la ronde, disait Cézanne, on chercherait vainement un caillou de la grosseur d'une noix.

La construction d'un pont sur cette rivière présentait plus d'une difficulté. Les matériaux usuels, sable, chaux, pierre, n'existaient pas sur place; d'après les sondages, c'était à 9 mètres au-dessous du lit qu'il fallait aller chercher un fond d'une solidité suffisante pour y asseoir les fondations. Enfin, pour le libre passage de la navigation, il fallait tenir les rails à 8 mètres au-dessus des plus grandes crues.

M. Maniel n'hésita pas à charger de l'étude de ce difficile passage son nouveau collaborateur, dont il avait promptement apprécié les solides qualités. Cézanne, s'inspirant des travaux exécutés par M. Maniel lui-même sur la ligne de Saint-Quentin à Erquelines, proposa la construction d'un pont de huit arches en fer, ayant chacune 41^{m}48 d'ouverture, et portées par sept piles tubulaires en fonte fondées au moyen de l'air comprimé; les deux culées devaient être en maçonnerie; à l'une d'elles se reliait un viaduc de sept arches également en maçonnerie; le tout formait un ouvrage de près de 440 mètres de longueur.

Arcs métalliques, fondations pneumatiques, tout cela était

à peu près nouveau à cette époque. Les constructeurs anglais, qui jusque-là avaient eu le monopole des travaux de ce genre, et auxquels on s'était d'abord adressé, ne fabriquaient que des ponts tubulaires et refusaient de se charger des voûtes en fer du pont de la Theiss, avec leurs arcs paraboliques surbaissés au $^1/_8$ et leurs tympans triangulés. Un constructeur français, M. E. Gouin, achevait en ce moment les travaux d'un pont métallique sur la Saône à Mâcon. Cézanne visita ses chantiers, entra en relations avec lui, lui exposa le système du pont de la Theiss, et le décida, non sans quelque peine, à en soumissionner la construction. M. Maniel, fermement convaincu des avantages du projet de Cézanne, et adoptant les motifs d'intérêt national que celui-ci faisait valoir, conclut le traité proposé pour la fourniture et la pose des pièces de fer et de fonte, et on peut dire que c'est du pont de Szegedin que date l'extension à l'étranger du marché de l'industrie métallurgique française.

Chargé de la direction des travaux avec le titre d'ingénieur en chef, Cézanne avait sous ses ordres des ingénieurs et des conducteurs dont les uns étaient français, alsaciens pour la plupart, les autres allemands, bohèmes, hongrois et italiens. Les ouvriers appartenaient à cinq ou six nationalités différentes : belges, tchèques, serbes, roumains, slovaques, etc. De ce mélange de races, de langues, de costumes, d'usages et d'outils, Cézanne sut faire un tout homogène et discipliné, un personnel aveuglément soumis et profondément dévoué à son chef. Ce résultat remarquable, que la seule autorité hiérarchique eût été impuissante à réaliser, Cézanne le dut surtout à ses qualités personnelles, à la sûreté de son jugement, à la promptitude de ses décisions, à la fermeté de son caractère, à la bienveillance constante qu'il mettait dans ses rapports avec ses subordonnés.

Tous subissaient l'ascendant de cet homme supérieur dont le savoir et la résolution n'étaient jamais en défaut, dont l'œil vigilant ne laissait échapper aucun détail de chantier, et qui payait courageusement de sa personne sur les points périlleux et dans les circonstances critiques.

Son personnel et ses bureaux étaient baraqués avec lui, sous le même toit, à proximité des travaux. Dans ce pays où la fièvre règne à l'état endémique, les installations matérielles et l'hygiène des ouvriers constituaient des questions importantes; il y apportait sa clairvoyance et sa bonté habituelles, ne négligeant aucun détail et se préoccupant même des distractions et du repos du soir[1].

La journée achevée, il aimait à s'entourer de ses compatriotes, et organisait des réunions qu'il animait de son humeur aimable et enjouée; il lui arrivait souvent d'évoquer la patrie absente en faisant à haute voix la lecture d'une tirade de Racine ou de quelque nouveauté littéraire.

Dans une notice que les *Annales des ponts et chaussées* ont publiée[2], et dont le mérite est attesté par la médaille d'or qui lui a été décernée, Cézanne a décrit les opérations qu'il a dirigées pour le levage des arcs en fer et le fonctionnement des appareils pneumatiques; on y remarque une très-intéressante description des effets physiologiques de l'air comprimé.

[1] Paul Féval, visitant un jour la Hongrie et passant par Szegedin, le vit au milieu de son peuple de travailleurs, commandant d'un geste, entouré de respect et d'affection, acclamé sur son passage. Le célèbre romancier a consigné dans un de ses ouvrages la vive impression qu'il en avait ressentie. Interrogé à ce sujet, il a répondu par les lignes suivantes : « *Un de mes livres l'a comparé à un roi. Mon livre a eu raison; mais mon souvenir vaut mieux que mon livre : ce bien-aimé, beau et brillant jeune homme était, ici, le père.* »

[2] Notice sur le pont de la Theiss et sur les fondations tubulaires, par E. Cézanne; *Annales*, 1859, t. XVII, page 334.

En vingt et un mois, le pont de Szegedin était complètement terminé. Les premiers pilots des échafaudages et des ponts de service avaient été plantés le 1er mars 1857; le 2 décembre 1858, eut lieu la cérémonie de l'inauguration du pont, sept mois avant l'époque prescrite. Par la conception de ce bel ouvrage, si savamment ordonné, Cézanne s'était acquis une réputation méritée d'habile ingénieur[1]. Par ses chantiers si vigoureusement organisés, par son succès si brillant et si rapide, conquis à travers les complications d'hivers sibériens et de formidables débâcles, il était désormais classé parmi les constructeurs les plus expérimentés.

En 1858, M. E. Gouin fut chargé par la grande compagnie des chemins de fer russes de l'étude et de l'exécution de la partie métallique de tous les ouvrages d'art à établir sur une immense ligne de onze cents kilomètres, de Saint-Pétersbourg à Varsovie, avec embranchement de Vilna à la frontière de Prusse. Il proposa à Cézanne de se charger de la moitié de cette entreprise gigantesque, moitié qui ne comprenait pas moins de vingt mille tonnes de matériaux métalliques à mettre en œuvre, et de cinquante ponts répartis sur mille kilomètres, le tout représentant une dépense d'environ dix millions de francs à faire en trois ans.

Séduit par l'importance de ces travaux, Cézanne se sentait la force de les mener à bonne fin. Il lui en coûtait toutefois de se séparer des camarades avec lesquels il collaborait depuis deux ans. Il était surtout retenu par l'attachement profond qu'il avait voué à son directeur général, qui l'honorait d'une estime particulière, et avec lequel il avait noué des relations d'intimité nées de la communauté du travail et des sympathiques affinités qui existent entre les natures d'élite.

[1] Ingénieur ordinaire de 2e classe le 16 juillet 1857.

Imposant silence à ses propres regrets, M. Maniel encouragea son jeune ami et le décida à accepter.

Au mois d'avril 1859, après avoir obtenu la prolongation de son congé et l'autorisation de se rendre en Russie, Cézanne alla s'installer à Kowno, à proximité des chantiers du pont qu'il devait construire sur le Niémen.

L'emplacement désigné par les ingénieurs de la compagnie était, à un kilomètre près, précisément celui que Napoléon Ier, un demi-siècle auparavant, avait choisi pour les ponts flottants où devait passer la Grande-Armée. Cette coïncidence avait ému les ingénieurs militaires russes; jointe à la question du souterrain de Kowno, que ces ingénieurs considéraient comme indispensable pour mettre la Russie à l'abri d'une invasion, elle constitua une difficulté capitale que l'empereur Alexandre dut venir dénouer lui-même sur place.

Dans un pays où les moyens de transport sont rares, les populations et les cultures clair-semées, les ressources industrielles nulles, les difficultés techniques étaient les moindres; il fallait organiser les chantiers, réunir, loger, nourrir les ouvriers et les approvisionner d'outils et de mille objets usuels dont en France la pensée ne vient même pas, tant il y est facile de se les procurer.

En France, un pont de service suffit pour amener à pied d'œuvre les matériaux d'un pont; on peut y construire les fermes pièce à pièce, et en monter simultanément toutes les travées. En Russie, la débâcle des rivières est redoutable; une travée est perdue si le printemps la surprend inachevée sur les échafaudages. Cézanne ne put donc recourir au procédé ordinaire que très-exceptionnellement, et notamment au pont construit sur la Dwina, près de Dunabourg; ce pont, de 266 mètres de longueur et dans lequel il est entré trois mille tonnes de matériaux ayant subi un transport de 3,000 kilomètres, a donné de vives inquiétudes et a exigé les efforts les plus soutenus. En général, les tabliers ont été construits sur la terre ferme, à l'abri des accidents, et mis en place par grandes masses et par un halage horizontal sur des galets, la plupart du temps sans le secours d'aucun appui entre les culées, quelquefois à l'aide d'un flottage partiel sur des pontons. Parmi les plus remarquables, on peut citer le pont de Kowno, sur le Niémen, qui a 300 mètres de longueur, et celui de Grodno, sur la même rivière, dont la longueur est de 188^{m}60 seulement, mais où les trains circulent à 31^{m}40 au-dessus de l'étiage.

Cézanne a inséré dans les *Annales des ponts et chaussées* une notice[1] où il a décrit ses divers procédés de levage, avec les détails les plus intéressants sur les effets des froids rigoureux atteignant parfois jusqu'à —35°, et une note sur le phénomène des débâcles, qui atteint dans ces régions des proportions tout à fait inconnues en France.

A cet ensemble d'ouvrages, il faut ajouter les travaux d'achèvement du tunnel de Kowno, dont Cézanne se chargea comme par surcroît. Un entrepreneur allemand, rebuté par les difficultés de déblais souterrains à exécuter dans des sables mobiles et fluents, se refusait à les continuer. La compagnie des chemins de fer russes, fort embarrassée de ce chantier sur lequel elle faisait de vaines et dispendieuses tentatives d'exécution par voie de régie, s'adressa à Cézanne. Tout était mal engagé ; les approvisionnements étaient à peu près nuls. Matériaux, personnel, ouvriers spéciaux, appareils mécaniques, tout était à créer ou plutôt à improviser. Tout fut prêt dans les délais voulus, et, malgré les difficultés d'une situation particulièrement délicate que lui créait la confiance accordée par les ingénieurs de la compagnie à

---

[1] Notice sur quelques ponts métalliques des chemins de fer russes, par E. Cézanne, *Annales*, 1864, t. VIII, page 225.

l'ingénieur de la maison Gouin, Cézanne accomplit son programme tout entier, emportant l'estime de tous.

Ce qu'il faut surtout remarquer dans cette œuvre si considérable, qu'il ne mit que trois ans à accomplir, c'est certainement son esprit d'organisation, et la vigueur soutenue avec laquelle il a su discipliner toutes les volontés subordonnées à la sienne. Son personnel n'était plus, comme à Szégedin, concentré sous un même toit, mais disséminé sur un grand espace, et d'énormes distances le séparaient de ceux dont il fallait incessamment activer le zèle ou réparer les fautes. La considération dont il jouissait était devenue proverbiale, et, dans ce pays où la hiérarchie militaire résume tous les degrés de l'échelle sociale, on ne le désignait que sous le nom de *S. Exc. le général Cézanoff*. Son *isba*, ou maison de bois, de Kowno était connue de tous les Français qui faisaient le voyage de Saint-Pétersbourg en France. Ambassadeurs, officiers généraux, savants et artistes, tous sortaient profondément touchés de l'hospitalité reçue, émerveillés de trouver dans un coin si reculé un hôte aimable et gai, homme du monde et charmant causeur, épris de musique et de poésie, et qui consacrait sa jeunesse, son énergie et son savoir à lutter contre une nature sauvage, à la dompter, et à ouvrir toute une moitié de l'Europe aux voies de la civilisation et du progrès.

Quand, en 1862, il fut de retour de son laborieux exil de cinq ans, sa nature aimante et affectueuse lui fit désirer les douces joies du foyer domestique. Il les trouva toutes dans l'union qu'il contracta, à Tours, sous les heureux auspices d'une grande sympathie mutuelle, avec une jeune fille qu'il avait connue et remarquée dans la famille de M. E. Gouin (16 juin 1862).

La vie au grand air, sur les rudes chantiers de la Hongrie

et de la Russie, avait eu sur sa santé la plus heureuse influence. Il était devenu plus fort et plus vigoureux qu'il n'avait jamais été. Celui de ses amis d'enfance qui l'aurait perdu de vue pendant vingt-cinq ans, aurait eu quelque peine, en présence de cet ingénieur à la stature haute, à la barbe noire, à la voix forte, aux traits énergiques, au regard rayonnant d'intelligence et de bonté, à reconnaître son petit camarade de collége, maigre, imberbe et frêle, dont l'horoscope avait été tiré un jour de distribution des prix.

Celui qui avait prononcé cet horoscope était devenu un ingénieur éminent, une des illustrations du corps des ponts et et chaussées. M. Surell, l'auteur de l'*Étude sur les torrents des Hautes-Alpes,* était alors à la tête de la compagnie des chemins de fer du Midi. N'ayant jamais perdu de vue son jeune ami, il savait depuis longtemps tout ce qu'il valait par son caractère non moins que par son intelligence; il se l'adjoignit comme collaborateur en qualité de chef de l'exploitation à Bordeaux.

Dans ce milieu nouveau, Cézanne fut bientôt au courant de sa tâche, qu'il remplit avec une distinction dont la compagnie du Midi n'a pas perdu le souvenir.

Il a décrit lui-même les soins multipliés et les constantes préoccupations de l'ingénieur qui dirige l'exploitation d'un grand réseau de chemins de fer, « astreint à répondre, pour
« chacun de ses actes, aux exigences, contradictoires et sou-
« vent menaçantes, de la justice, du contrôle administratif,
« du public, de l'actionnaire, et chargé en outre de main-
« tenir dans une discipline rigoureuse un nombreux per-
« sonnel dont chaque agent a le droit d'en appeler aux
« tribunaux de toute décision qu'il juge trop sévère. Quels
« coups de collier pour mouvoir ce puissant mécanisme!
« Quelle patiente énergie pour entretenir dans tous les

« rouages cette régularité qui est affaire de vie ou de
« mort! Que de nuits troublées par le cauchemar des acci-
« dents! C'est là une forte et salutaire école[1]. »

Son esprit lucide, organisateur et pratique trouvant ample matière à s'exercer, il fut le promoteur d'un grand nombre d'améliorations utiles dans les règlements d'exploitation et d'administration[2].

Si vaste et si complexe qu'il fût, ce service ne suffisait pas à l'absorber tout entier. Il trouvait le temps d'appliquer son activité aux objets les plus divers. Un jour c'était la télégraphie trans-océanique dont il expliquait les merveilles du haut de la chaire du conférencier. Une autre fois on le trouvait occupé à aligner des rimes, ou à retrouver une mélodie de Mozart.

C'est à cette époque qu'il coordonna dans une rédaction régulière les nombreuses notes qu'il avait recueillies dans ses voyages à l'étranger, aux Pyrénées, au mont Blanc, à l'isthme de Suez, sur le rôle météorologique et hydrologique des forêts, ainsi que sur les torrents géologiques et préhistoriques. Il y joignit l'exposé des antécédents et des premières applications des lois de 1860 et de 1864 sur le reboisement et le gazonnement des montagnes. Le tout, écrit dans ce style à la fois précis et imagé, littéraire et scientifique, qui lui était familier, forma le second volume de la seconde édition de l'*Étude* de M. Surell. Touchante collaboration du maître et de l'élève, que l'appréciation du public compétent a consacrée en plaçant parmi les ouvrages classiques l'*Étude sur les torrents des Hautes-Alpes*, par Surell-Cézanne.

---

[1] Notice biographique de Jacques Maniel; *Annales des ponts et chaussées*, 1873, t. V, page 7, par E. Cézanne.
[2] Chevalier de la Légion d'honneur le 12 août 1868 ; services exceptionnels.

Toujours occupé, jamais absorbé, il conservait au milieu de tous ces travaux son humeur aimable et enjouée ; la gaieté de son caractère ne l'abandonnait pas, même dans les premières atteintes du mal auquel il devait succomber si prématurément. Ceux qui l'ont connu pendant les sept années de son séjour à Bordeaux, ont conservé le souvenir du charme de ses relations et des ressources inépuisables de cette nature si riche, toujours prête à se répandre.

Constructeur de voies ferrées, chef de l'exploitation d'un réseau important, Cézanne était désigné pour diriger un jour une grande compagnie de chemins de fer. L'occasion s'offrit vers la fin de 1869. Une société s'était formée à Paris pour la création, en Turquie, d'un vaste ensemble de lignes ferrées.

« La France alors, par la force apparente d'une organisa-
« tion politique dont l'avenir devait révéler tous les dan-
« gers, mais surtout par la force plus réelle et plus durable
« de ses capitaux et de son industrie, exerçait une sorte de
« suprématie en Europe. Il était naturel qu'un ingénieur
« français[1] » fût chargé de gérer, à Paris, des intérêts où les capitaux français avaient une grande part. La compagnie des chemins de fer ottomans mit Cézanne à sa tête en qualité de directeur général.

Les premiers actes de la nouvelle compagnie consistèrent principalement dans des combinaisons financières auxquelles le directeur général demeura absolument étranger, et qui n'étaient pas encore terminées quand les malheurs de l'année 1870 fondirent sur la France. Les banquiers étrangers, qui constituaient la majorité du conseil d'administration, se hâtèrent de quitter Paris. Ils voulurent emmener avec eux leur directeur général, qui répondit par un refus catégo-

---

[1] *Notice biographique de Jacques Maniel*, par E. Cézanne.

rique et par sa démission. En s'enfermant dans Paris menacé, il renonçait à des avantages très-importants; mais de nouveaux devoirs s'imposaient à son patriotisme, et il s'y soumit sans hésitation.

III

GUERRE DE 1870-1871

Ardent patriote, Cézanne fit partie de la phalange de défenseurs improvisés qui, dès les premiers jours du siége de Paris, vinrent spontanément offrir leur concours au gouvernement de la défense nationale. D'abord chargé, sous la direction de M. l'inspecteur général Belgrand, des travaux de fortifications intérieures du premier secteur, il avait en outre reçu, de M. l'inspecteur général Collignon, la mission de faire certains transports d'artillerie, placés sous la direction spéciale de M. l'inspecteur général Lalanne. Il fit transporter, sur divers points de l'enceinte, six pièces de marine du plus fort calibre qui restaient inutilisées au polygone de Vincennes. L'une de ces pièces, mise en batterie au Mont-Valérien, s'est acquise une certaine notoriété, dans l'un et l'autre camp, sous le nom de *Valérie*.

Prévoyant le prochain achèvement de ces diverses opérations, Cézanne se mit à étudier un système de travaux militaires à exécuter en province, auprès des armées de secours, et, dans le courant du mois d'octobre 1870, il présenta une proposition dans ce sens au comité de défense. Cette proposition, examinée par ce comité et par le ministre des travaux publics, fut portée devant le général Trochu et adoptée en partie.

On commençait, d'un autre côté, à se préoccuper des dispositions à prendre pour assurer le ravitaillement de Paris au moment du déblocus.

Cézanne offrit de se charger de la périlleuse mission de porter à la délégation de Tours la pensée et les instructions du comité de défense sur ces deux points importants : son offre fut acceptée.

Le 2 novembre 1870, à huit heures quarante-cinq minutes du matin, le ballon *le Fulton* s'enlevait dans les airs à la gare d'Orléans, emportant notre aéronaute improvisé, accompagné d'un matelot breton qui « s'entendait à nouer
« une corde, mais à qui les mystères du baromètre étaient
« absolument inconnus.

« C'était l'heure de la garde montante ; d'innombrables
« baïonnettes scintillaient sur les remparts ; de l'immense
« ville, entrevue par places à travers les nuages, montait
« jusqu'à nous un bruit confus de voitures et de voix hu-
« maines dominé par le clairon et le tambour. La Seine et
« la Marne cachaient leurs replis brillants jusque dans la
« brume de l'horizon, et le Mont-Valérien, lançant de
« petites bouffées de fumée blanche, ébranlait l'air de ses
« détonations lointaines . . . .

« Je fus frappé de voir nos paysans labourer en paix au
« milieu même des lignes ennemies, et, comparant la faible
« épaisseur de ces lignes avec la vivante étendue de Paris,
« je me demandais comment le géant ne parvenait pas à
« crever ce mince filet dont il se laissait enserrer . . .

« Le ciel était parsemé de ces nuages blancs et allongés
« qu'on appelle des *moutons*. Nous marchions de conserve,

« et vraiment je pouvais me croire le berger d'un innom-
« brable troupeau.

« A mesure que la journée s'avançait, les nuages se dis-
« sipèrent, et bientôt, berger sans troupeau, je restai comme
« perdu dans le silence des airs[1]. »

L'œil à la boussole et au baromètre en même temps qu'au spectacle féerique qui se déroulait sous ses pieds, l'oreille à tous les bruits, à la fusillade des soldats prussiens comme aux cris des paysans français, observateur sagace et ingénieux, hardi à la manœuvre et conservant son sang-froid au milieu des surprises de sa vertigineuse expédition, il descendit sain et sauf, près du chemin de fer, entre Angers et Niort. A minuit il était à Tours.

La relation qu'il a faite de son voyage dans les airs a été insérée dans les *Annales des ponts et chaussées* (avril 1872) ; c'est un charmant récit, qui a l'entrain d'une conversation spirituelle et l'attrait d'une relation scientifique.

Les instructions dont il était porteur concernant les travaux militaires furent examinées au ministère de la guerre dans plusieurs conférences, et provoquèrent certaines mesures importantes, telles que la construction d'un camp retranché près d'Orléans et l'organisation du génie civil[2], dans les rangs duquel s'enrôlèrent volontairement un grand nombre d'ingénieurs et d'agents des ponts et chaussées et des mines.

Le ravitaillement de Paris constituait la principale mission de Cézanne. Il s'agissait d'organiser l'achat de plus de 26.000 tonnes de comestibles, représentant la consommation de la capitale pendant quinze jours, et de charger cette

---

[1] Relation d'un voyage aéronautique, par E. Cézanne; *Annales des ponts et chaussées*, 1872, t. III, page 253.
[2] Décret du 30 novembre 1870.

masse énorme sur des wagons, ce qui devait constituer cent trains complets; il fallait tenir ces trains assez près de Paris pour arriver dans l'enceinte en moins de vingt-quatre heures après la cessation des hostilités, et assez loin pour ne pas attirer l'ennemi ni embarrasser les armées de secours.

Reportons nos souvenirs vers cette triste époque, qui nous apparaît aujourd'hui comme un mauvais rêve; représentons-nous la désastreuse situation dans laquelle se trouvait le pays, les bras manquant partout, les voyages entravés par les rigueurs d'un hiver exceptionnel, les chemins de fer désorganisés sous une avalanche de réquisitions civiles et militaires. « Ni les ordres les plus pressants, ni les pro-
« messes les plus formelles ne permettaient de compter sur
« le succès d'une mesure qui eût été des plus simples en
« d'autres temps. Chaque jour l'ennemi faisait de nouveaux
« progrès, et les combinaisons, à peine en cours d'exécu-
« tion, étaient subitement rompues[1]. » C'est au milieu de ces difficultés, dont le tableau est loin d'être complet, que Cézanne accomplit sa mission.

Il coopéra au rétablissement de la navigation de la Seine, sur laquelle on avait tout d'abord beaucoup compté, et qui n'a pu rendre que des services très-secondaires.

Ce fut surtout du côté des chemins de fer que se dirigèrent ses efforts. Sous sa direction, les ouvrages détruits par l'ennemi furent réparés, les wagons nécessaires furent rassemblés, enfin des voies supplémentaires furent établies, sur divers points, pour recevoir et garer les trains de vivres préparés, notamment dans le Cotentin, où elles atteignirent un développement total de 16 kilomètres, et sur le port de Cherbourg, où elles rendirent des services

---

[1] *Rapport sur la mission de ravitaillement*, par E. Cézanne (avril 1871).

si appréciés qu'elles ont été conservées et sont demeurées comme un souvenir utile de ces temps désastreux.

Quand arriva l'armistice du 29 janvier, quarante trains étaient prêts, portant à Paris affamé des vivres pour deux jours; ils pouvaient être rendus à destination le 30, et tout était disposé pour que les arrivages augmentassent graduellement d'importance. Cette laborieuse prévoyance fut malheureusement paralysée, pendant les premiers jours, par les restrictions de l'autorité allemande et par le désarroi qui suivit la cessation des hostilités[1]. Déplorable malentendu ou humiliante exigence d'un vainqueur impitoyable, Paris a été alimenté pendant quarante-huit heures par l'intendance prussienne.

Le 5, de nouvelles facilités furent accordées, et le 6, le courant d'approvisionnements s'établit régulièrement sur les lignes d'Orléans et de la Méditerranée.

La part que Cézanne a prise dans ce grand effort[2] que la France a fait pour préserver sa capitale des horreurs de la famine a été exclusivement une œuvre d'ingénieur. Il est resté constamment et absolument étranger aux marchés conclus pour les achats de comestibles, la garde et l'entretien du bétail, opérations dont la dépense s'est élevée à près de 42.000.000, et qui ont été confiées à des fonctionnaires et agents du ministère de l'Agriculture et du Commerce ou de celui de la Marine. Les travaux qui ont été exécutés sous son administration ou sous sa direction ont comporté une dépense d'environ 300.000 fr. Fidèle à ses habitudes d'ordre

---

[1] Ce fut le 1er février seulement que Cézanne fut informé : l'armistice ne mettait à sa disposition que deux lignes de chemin de fer, quatre trains par jour et vingt-quatre voitures par train. C'était le *cinquième* à peine de l'activité sur laquelle on comptait.

[2] Le service du ravitaillement a fait entrer dans Paris 6.913 wagons portant 50.000 tonnes de comestibles, soit un grand mois de vivres.

et de clarté, ainsi qu'aux traditions du corps des ponts et chaussées, Cézanne ne vit dans les malheurs de ces temps troublés qu'un motif pour rendre plus claire et plus scrupuleusement minutieuse la justification qu'il eut à faire de cette dépense.

IV

CARRIÈRE POLITIQUE

Esprit pratique, conciliant et net, Cézanne n'avait aucun goût pour les discussions politiques, qui passionnent sans profit et ne roulent trop souvent que sur d'assez subtiles questions de forme; mais il était vivement préoccupé des problèmes sociaux et patriotiques que les événements avaient soulevés. Dès les premiers actes de l'Assemblée nationale à Bordeaux, il eut une vue très-nette de la situation, et, pressentant la guerre civile, il signala, dans une brochure qui eut quelque retentissement, le danger qu'il y avait à maintenir le siége du gouvernement à Paris.

« Représentants de la France, s'écriait-il, souvenez-vous
« du passé, et, dans l'intérêt de l'avenir, mettez le gouver-
« nement à l'abri des coups de main[1]! »

Les fusillades et les incendies des derniers jours de la Commune l'attristèrent profondément. L'idée de contribuer au relèvement de son pays lui apparut comme un de-

---

[1] *Le Gouvernement en province.* Lettre à l'Assemblée nationale le 1er mars 1871, par E. Cézanne.

voir impérieux, et il résolut de se consacrer désormais tout entier aux affaires publiques. L'occasion paraissait favorable. Sa petite ville natale, qui ne l'avait pas revu depuis longtemps, mais qui se souvenait du père et commençait à être fière du fils, avait spontanément mis son nom sur la liste des députés à envoyer par le département à l'Assemblée nationale. Au mois de juillet 1871, après un voyage dans les Hautes-Alpes, qui fut moins une tournée électorale qu'un retour au pays natal, il fut nommé ou plutôt acclamé député.

Signalé à l'attention de ses collègues par sa *Lettre à l'Assemblée nationale*, il prit la parole, dans la séance du 7 septembre 1871, comme rapporteur de la commission chargée d'examiner la proposition Ravinel ayant pour objet l'installation du gouvernement à Versailles. Son début à la tribune fut un succès qui le mit aussitôt en relief.

Son programme politique était une devise patriotique : *la France d'abord*[1] ! Il appuya de ses votes toutes les mesures qui devaient hâter la libération du territoire et assurer la paix intérieure, c'est-à-dire l'ordre et la liberté. Républicain modéré, il était habituellement, mais sans parti pris, du même avis que ses collègues siégeant au centre gauche. Sa brillante imagination ne lui servait qu'à éclairer d'un jour plus vif les côtés pratiques des questions, les seuls qu'il voulût voir; précieux privilége d'un esprit vraiment supérieur qui ne se laissait jamais entraîner aux amplifications passionnées, aux récriminations stériles et aux oppositions systématiques.

Ses manières affables et bienveillantes, ainsi que la haute

---

[1] *Les Institutions nécessaires.* Lettre aux membres de l'Assemblée nationale, par E. Cézanne, député, 10 février 1872.

portée de son savoir, lui attirèrent la sympathie de tous ses collègues, sans acception de partis, et lui conservèrent, dans une assemblée dont les impressions étaient si mobiles, l'autorité qu'il avait su y conquérir dès les premiers jours. Son influence se fit surtout sentir dans le sein de la commission dite des *Trente,* dont il était membre, et aux délibérations de laquelle il prit une part considérable sur l'organisation des pouvoirs publics et la création du sénat.

Il prit la parole, comme rapporteur, sur diverses questions d'administration. Une des plus importantes fut la demande de concession d'une ligne directe de chemin de fer de Calais à Marseille. La ligne projetée ne pouvait compter ni sur un trafic nouveau ni sur un trafic de transit, et n'avait en vue qu'un trafic de dérivation; en matière de chemins de fer, la concurrence n'amène pas l'abaissement des tarifs; il y a des perfectionnements à introduire dans nos réseaux français méthodiquement concédés à de grandes compagnies, mais il ne faut toucher que d'une manière prudente à leur organisation générale, dont l'expérience, tant en France qu'à l'étranger, a démontré les avantages. Avant de se lancer dans des entreprises inconsidérées, il faut réaliser les améliorations actuellement étudiées, justifiées par des besoins immédiats et évidents, et y consacrer les trois milliards et les dix années qu'elles nécessitent. Ces grandes vérités, souvent contredites, mais toujours triomphantes, ont été mises dans la plus vive lumière par le rapport que présenta Cézanne au nom de la commission[1].

Quelques jours après[2], il prononça un remarquable discours sur la question de la réunion du service des forêts au

---

[1] Annexe au procès-verbal de la séance de l'Assemblée nationale du 3 février 1873.
[2] 19 février 1873.

ministère de l'Agriculture et du Commerce. La cause était bonne; il la plaida avec verve et talent; elle est aujourd'hui gagnée[1].

Le 21 juin 1873, il prit l'initiative d'une proposition de loi tendant à affecter à la garde des frontières des Alpes, du Jura, des Vosges et des Pyrénées un certain nombre de bataillons de chasseurs à pied formés en majeure partie avec des hommes originaires des régions montagneuses, et spécialement exercés à la guerre des montagnes. Son travail, dont il avait puisé les éléments sur les lieux mêmes et auprès des hommes compétents, contient un grand nombre d'idées justes dont la plupart ont été réalisées : construction de grands travaux de fortification autour de Briançon, voie ferrée dans la vallée de la Durance, chemins accédant aux cols et aux positions stratégiques importantes. Quant aux bataillons spéciaux, ou *compagnies alpines,* leur création a été jusqu'ici ajournée; mais elle est inévitable, car tous les officiers généraux qui ont vu et étudié sur place la frontière du Sud-Est la réclament avec instances.

Son travail capital, celui qui fut le dernier, où il a condensé son savoir d'ingénieur et d'économiste avec ses aspirations de patriote et de montagnard, et qui le résume, pour ainsi dire, tout entier, c'est le rapport sur le projet d'extension du réseau de la compagnie de Paris à Lyon et à la Méditerranée. Lu à la séance du 23 février 1875, ce remarquable travail, qui fut presque exclusivement son œuvre personnelle, a servi de base à la loi du 3 juillet suivant par laquelle vingt lignes nouvelles formant un développement de 855 kilomètres, et entre autres celle de Gap à Briançon, ont été ajoutées au réseau de la Méditerranée.

[1] Décret du 15 décembre 1877.

Investi du double mandat de député et de membre du conseil général des Hautes-Alpes, où il siégea, à dater de 1872, comme représentant du canton d'Orcières, arrondissement d'Embrun, Cézanne répondait lui-même à toutes les lettres qui lui étaient adressées, accueillait avec affabilité tous ceux qui avaient besoin de lui, et mettait au service de leurs intérêts sa sollicitude, son activité et son crédit.

En 1874, à la mort de M. de Billy, inspecteur général des mines, il fut élu président du Club-Alpin français, association qu'il avait activement contribué à fonder, et dont le but est de vulgariser la connaissance des pays montagneux. Il y voyait une œuvre de relèvement patriotique et de propagande en faveur de ses chères montagnes, qui trouvèrent en lui un actif défenseur de leurs intérêts, un éloquent interprète de leurs besoins.

« Puisse la France, s'écrie-t-il, dès qu'elle aura pansé
« les blessures de la guerre, se rappeler qu'elle a, dans les
« Hautes-Alpes, une plaie toujours saignante, et qu'il lui
« suffira de le vouloir pour guérir la lèpre des torrents !

« Que d'efforts douloureux, que de sacrifices n'a-t-elle
« pas faits pour disputer à l'ennemi ces deux provinces si
« patriotiques de l'Alsace et de la Lorraine ! Eh bien, il y a,
« vers les Alpes, une province dont un ennemi acharné, in-
« fatigable, enlève chaque jour un lambeau, dont il décou-
« rage et chasse peu à peu les habitants.

« Cette terre est pauvre sans doute ; ces revers déchirés,
« ces vallées envahies ne peuvent rivaliser avec les riches
« campagnes du Rhin et de la Moselle ; mais l'attention de
« la mère-patrie ne se portera-t-elle que sur les parties
« privilégiées de son territoire ? . . . .

. . . .
« Que servirait, au jour du danger, d'avoir des forte-

« resses sur la frontière, si derrière ces places fortes il n'y
« a qu'un désert, n'offrant à l'armée française ni bois, ni
« cultures, ni chemins de fer, ni population? L'œuvre de la
« régénération des montagnes est véritablement nationale et
« patriotique[1]. »

Ses préoccupations se généralisant, il se trouve en face d'un grave problème social, et c'est en faveur de toutes les régions pauvres et déshéritées du sol français qu'il élève la voix :

« Tout l'effort de la civilisation, dit-il, depuis le commen-
« cement du siècle, semble avoir eu pour objet d'enrichir
« les parties les plus riches du territoire et d'appauvrir les
« plus pauvres. C'est là un effet qui ira s'exagérant jusqu'à
« la ruine complète des montagnes, si les pouvoirs publics
« n'y prennent garde. Les hommes s'attirent comme la ma-
« tière. Les capitaux, sans cesse accumulés, ajoutent leur
« force croissante à celle de la population. Toutes les in-
« fluences sociales, la richesse, l'intelligence, le nombre,
« les journaux, les assemblées, sont au service des grandes
« villes. La pente du gouvernement est de céder sans cesse
« sous cet effort irrésistible; routes, canaux, chemins de fer,
« ports, monuments publics, institutions d'éducation ou de
« crédit, tout afflue de soi-même vers les grands centres.
« Quant aux régions pauvres, leur influence est nulle, leurs
« réclamations ont peine à se faire entendre, et s'il ne se
« rencontre pas chez les pouvoirs publics une préoccupation
« constante d'équité, une volonté soutenue d'être justes, les
« parties les plus éloignées et les moins accessibles du ter-
« ritoire ne participeront que dans une mesure toujours
« plus faible aux ressources de la communauté sociale.

. . . .

---

[1] Préface du second volume de l'*Étude sur les torrents des Hautes-Alpes*, par E. Cézanne, janvier 1872. La publication de cet ouvrage, achevé dès 1869, fut retardée par les événements de 1870.

« La grande œuvre de la régénération des montagnes est-
« elle praticable? Peut-elle être entreprise avec quelque
« chance de succès? Quelles sont les mesures à prendre[1]? »
Graves questions dignes des méditations des penseurs et
qui s'imposent à l'attention du gouvernement[2]. Nous tous qui
vivons loin des grandes villes, et qui sentons la vie se retirer
des extrémités géographiques du corps social; nous partageons les inquiétudes de Cézanne; comme lui, nous nous
souvenons des leçons de l'histoire, et nous nous demandons
si, comme tant de grands empires, la France n'est pas condamnée à mourir de sa capitale.

Désigné par la voix publique, Cézanne fut appelé en 1875,
par M. le maréchal de Mac-Mahon, au ministère des Travaux publics. Des scrupules de probité politique qui honorent son caractère ne lui permirent pas d'accepter ces hautes
fonctions. Dans la pensée de tout le monde, c'était un simple
ajournement. Aux élections de février 1876, il fut de nouveau envoyé à la chambre par 4700 suffrages sur 4737 votants, et son nom revint dans les combinaisons ministérielles.
Mais déjà il était retenu loin de Versailles par la maladie qui
devait l'emporter quelques mois plus tard, et qui le saisit
dès la fin de 1875, à la suite des fatigues accumulées pendant cette longue session.

---

[1] *Annuaire du Club-Alpin français*, 1re année, 1874, page 263. La Dépopulation des montagnes, par E. Cézanne.

[2] Le rapport que M. de Freycinet, ministre des Travaux publics, a adressé le 2 janvier 1878 à M. le Président de la république au sujet de l'achèvement des voies ferrées contient le passage suivant : « *Le réseau complémentaire
« comprendra. . . . . des lignes entièrement nouvelles, qui se
« trouvent principalement dans les régions pauvres et déshéritées*, pour lesquelles le moment semble venu de faire un acte notable de justice distributive. »
Puisse la France jouir du calme et de la paix nécessaires, ce programme s'accomplir, et la généreuse pensée du ministre recevoir tous ses développements!...

V

DERNIERS MOMENTS

Père de trois enfants qu'il adorait, époux tendre et affectueux, Cézanne ne connaissait d'autres délassements que ceux de l'intérieur de la famille et de l'intimité de quelques amis choisis.

Doué d'une organisation fine, nerveuse et délicate, il avait un vif sentiment du beau, qu'il goûtait sous toutes les formes, et qui éveillait en lui les émotions les plus profondes. Sensible à toutes les harmonies de l'art, il aimait surtout celles de la nature. La montagne, dont la grande et solennelle voix avait parlé poésie à son enfance, science et travail à sa jeunesse, avait pour son âge mûr un langage mystérieux qui attendrissait son cœur et élevait son âme. « Que l'homme est petit, disait-il, et que Dieu est grand ! »

Vers la fin de sa vie, ce sentiment se spiritualisa de plus en plus, et sous les étreintes cruelles du mal auquel il devait succomber, sa pensée se reporta vers le Dieu créateur, tout-puissant et bon dont la croyance n'avait jamais déserté sa haute et ferme raison.

L'*adénie* (anémie compliquée) dont il était atteint exigeait un repos absolu auquel il ne se résigna que lorsque ses forces, totalement épuisées, refusèrent de servir sa volonté toujours dominée par le sentiment du devoir. Après avoir inutilement demandé au climat d'Hyères (novembre 1875) un soulagement à ses souffrances et l'apaisement de ses douloureuses insomnies, il revint à Tours, appela le prêtre vénérable qui, quatorze ans auparavant, avait béni son mariage, rassembla autour de son lit de mort sa femme, ses enfants et ses domestiques, accomplit ses devoirs de chrétien et rendit le dernier soupir le 21 juin 1876, conservant jusqu'à la suprême seconde toute la lucidité de son intelligence et de sa volonté.

Entré dans la lutte de la vie sans autres armes que son courage au travail, sa droiture de cœur et ses admirables facultés, Cézanne est parvenu jusqu'aux plus hautes situations. Son nom, qui sera cité avec honneur dans l'histoire de notre temps, reste attaché à de hardies et durables constructions. Il est glorieusement inscrit à côté des noms des plus illustres enfants et des bienfaiteurs les plus vénérés des Hautes-Alpes[1].

---

[1] Le conseil général a placé, dans la salle de ses délibérations, le buste de Cézanne, exécuté, aux frais du département, par l'habile statuaire Marcellin, de Gap. Ces décisions, prises par acclamation à la session d'août 1876, ont été accompagnées des plus émouvants témoignages de sympathie et de regrets.

Un autre buste, d'une vérité saisissante et d'un art admirable, dû au ciseau de M. Gautherin, figurera à l'Exposition universelle de 1878. Une reproduction de ce buste est placée à la mairie d'Embrun.

Une cabane de refuge, récemment construite par le Club-Alpin français, au pied des glaciers du mont Pelvoux, au cœur de ces montagnes qu'il a tant aimées, a reçu le nom de *refuge Cézanne*.

Son œuvre reste inachevée. A nous, ses compatriotes et ses amis, de la reprendre et d'honorer cette chère mémoire en ajoutant notre humble effort au grand travail qu'il a entrepris pour le bien de son pays natal.

Et vous, jeunes gens, prenez-le pour exemple, et que son souvenir raffermisse vos cœurs, quand vous aurez à porter le poids du jour, à vous roidir contre les difficultés de la vie, et à vous soumettre aux austères injonctions du devoir.

Gap, février 1878.

8268. — TOURS, IMPRIMERIE MAME

www.ingramcontent.com/pod-product-compliance
Lightning Source LLC
Chambersburg PA
CBHW060703050426
42451CB00010B/1254